AUX LÉGITIMISTES

ABNÉGATION

INTELLIGENCE ET PATRIOTISME

AUX LÉGITIMISTES

ÉLECTION DU 20 DÉCEMBRE 1851.

PAR

LE Cᵗᵉ A. DE FERAUDY

PARIS

LIBRAIRIE DE DENTU

PALAIS-NATIONAL, GALERIE VITRÉE, 13

1851

ABNÉGATION

INTELLIGENCE ET PATRIOTISME

AUX LÉGITIMISTES

Ce qui fait la force et l'infaillibilité du dogme légitimiste, c'est qu'il repose sur un principe immuable; ce principe, sanctionné par quatorze siècles de rois, c'est l'hérédité au trône. — Le roi meurt : vive le roi! Que veulent dire ces cris de résurrection, alors qu'une tombe est encore ouverte? Ils signifient qu'un nouveau chaînon vient de se souder aux nombreux anneaux qui emmaillent le trône de France ; ils proclament cette maxime de salut public, qu'à la mort de chaque souverain notre belle patrie ne doit pas entrer dans de pénibles convulsions pour enfanter un homme à qui seront confiées les destinées de la France.

Telle a été la pensée qui a inspiré la loi salique. Cette loi n'a pas été proclamée en faveur d'un héritier présomptif, dont quelquefois il serait difficile de préjuger la capacité et l'intelligence : elle a été promulguée pour le calme, pour le bonheur de la France ; elle a voulu paralyser à tout jamais ces intrigues politiques, ces luttes intérieures, ces déchirements de la grande famille française, qui doivent nécessairement arriver si à chaque interrègne plusieurs concurrents avaient à se disputer la couronne royale.

Donc le principe héréditaire est une idée éminemment patriotique, qui a pour base le bien-être de tous, en évitant les révolutions et leurs conséquences funestes. Donc aussi les légitimistes sages et honnêtes n'ont et ne doivent avoir en vue que le bonheur de leur pays. Ce n'est pas le souverain qu'ils affectionnent ou doivent affectionner, c'est le représentant du grand principe qui s'appelle la France. La France, voilà la cause première de leur amour; le roi n'est que l'effet, ou plutôt l'expression. La France, voilà leur religion; voilà l'idole à laquelle ils doivent immoler leurs affections particulières, à laquelle ils doivent vouer leur existence, leur fortune, leur intelligence.

La question ainsi posée, quel doit être aujourd'hui le rôle des légitimistes? Doivent-ils déserter leur cause? Non, certes : car ce serait une félonie, et la légitimité doit toujours rester pour eux l'arche sainte qui renferme l'avenir de la France!

Quelle est donc la ligne de conduite qu'ils ont à tenir?

Ce qu'ils ont à faire, le voici : examiner de bonne foi si le retour au moins immédiat d'Henri V est possible! Ils doivent envisager la confusion des esprits, le délire des passions politiques, et, en présence d'un tel chaos des idées, faire taire leur affection particulière et ne voir que la France. Or, la France veut en ce moment le repos qui lui permettra de réparer ses forces épuisées. Elle n'est pas en état de recommencer des luttes intestines. Si, après une longue agonie de quatre ans, elle ne revient pas à la vie, elle dépérira complétement.

Quel est le parti assez osé pour prétendre qu'il pourrait aujourd'hui régner paisiblement sur la France? Aucun !... Légitimistes, orléanistes ou républicains, sont trois grandes fractions, mais ne sont pas isolément la majorité de la nation.

Il faut donc pour le moment chercher ailleurs le salut de la patrie, et voir si nous pouvons trouver un homme qui, par ses antécédents de plusieurs années, sa probité, son amour des idées d'ordre, sa fermeté à combattre l'anarchie, son nom éminemment français, si cet homme, dis-je, peut faire le bonheur de notre pays. — J'ai nommé Louis-Napoléon.

Oui, Louis-Napoléon est le seul terrain neutre où toutes les opinions honnêtes peuvent se rallier, conserver la religion des souvenirs, nourrir même des espérances, et cependant travailler franchement, loyalement, à un but commun : le raffermissement de l'ordre. Les légitimistes surtout, dont la devise est : « Tout pour la France », doivent étayer Louis-Napoléon, cet homme que Dieu a envoyé comme l'arc-en-ciel après le déluge.

Oh ! je vois d'ici les orages que je vais soulever; mais j'obéis à la voix de ma conscience, et mon patriotisme est assez ardent, ma conviction assez arrêtée, pour braver toutes les objections. Du reste, j'y répondrai. Je n'écoute donc que les instincts de mon cœur, qui est tout à la France, qui ne voit que son bonheur dans cette question, et je vais continuer à écrire. — D'ailleurs, un de nos rois l'a dit : Fais ce que dois, arrivera que pourra.

Comme bien des gens, dans des circonstances récentes, je me suis préoccupé de la ligne de conduite tenue par le président de la république; puis j'ai examiné sans passion le mobile de cette conduite, et j'ai reconnu un homme qui poursuivait un but : ce but, c'est de sauver la France du grand naufrage qui menaçait de l'engloutir en 1852.

J'esquisserai plus tard les moyens employés par le président; pour le moment, je me borne à constater la pensée qui a inspiré Louis-Napoléon. Quelques esprits chagrins ou tout désorientés par le coup d'état vont m'objecter que je suis dans une grave erreur, et que le président n'a agi que dans un intérêt personnel, peut-être même en vue de se faire proclamer empereur. Tout se réduirait ainsi, selon eux, à une question de pure ambition. J'admets pour un instant cette supposition, et je demande à ceux qui se récrient avec une si vive indignation, s'ils préfèrent ce qu'on est convenu d'appeler la république rouge à la réélection du prince pour dix ans, à l'empire; oui, à l'empire lui-même.

Arrière ces faux patriotes qui vous disent : Périsse la France plutôt que le principe ! Moi, pour qui la France est le premier principe, j'avoue qu'en présence de l'impossibilité du retour immédiat à la royauté, qu'en présence aussi de l'impossibilité du maintien en France d'une république franchement honnête dans toute l'étendue du mot, je me rallie au gouvernement qui doit assurer la prospérité de mon pays, quel que soit d'ailleurs le nom dont il se baptisera. Je n'aime pas à jouer sur les mots, et trouve qu'il faut laisser aux niais politiques ces dénominations emphatiques qui résument pour eux toute la politique.

Quant à moi, je n'attache aucune importance à ces hochets de cerveaux étroits, et quel que soit le titre que prenne le président de la république, il n'en sera pas moins à mes yeux le chef de l'état.

Et puis l'on m'accordera peut-être que depuis quatre ans nous sommes habitués à entendre des dénominations qui pourraient bien renier l'origine de leur étymologie. Les républicains vous disent : La république n'existe que de *nom ;* on a moins de liberté que sous la monarchie. La presse est traquée de tout côté; les écrivains pourrissent sous les verrous, et la pensée ne trouvera bientôt plus d'organes en face des nombreuses condamnations qui frappent de mort tous les journaux d'une opinion extrême. — Les royalistes répondent : Si nous n'avons pas fait la république, du moins nous l'avons acceptée; avant de la juger, nous avons voulu la voir à l'œuvre. Qu'a-t-elle produit? Le dévergondage des idées, les utopies les plus irréalisables, la dilapidation des finances, le ralentissement des affaires, l'affaissement du crédit et de la confiance, la dépréciation de toutes les valeurs, en un mot, la souffrance partout.

Royalistes et républicains exagèrent peut-être leurs griefs respectifs, mais il n'en reste pas moins incontestable qu'il y a au fond de leurs plaintes la preuve évidente que la situation présente était intolérable, qu'elle n'engendrait que le malaise, et qu'à moins de vouloir se crétiniser tout à fait, la France doit faire un effort sur elle-même et sortir de l'atonie où elle est plongée.

Là est le nœud gordien que chacun veut tran-
cher à sa manière, les uns par des moyens violents
ou révolutionnaires (système des montagnards),
les autres par une fusion des nuances royalistes,
fusion qui serait trop heureuse, que j'ai appelée
moi aussi de tous mes vœux, mais qui m'est aujourd'hui mathématiquement démontrée impos-
sible.

Que de fois j'ai vu l'accord prêt à se conclure,
et se déchirer tout aussitôt devant les rivalités, les
amours-propres mis en jeu, la méfiance récipro-
que. Tous s'attèlent bien au même char, mais
chacun veut tirer de son côté, et l'on ne fait
pas un pas. L'esprit de parti reparaît là où un
intelligent patriotisme devrait seul servir de mobile. Toujours des coteries, jamais d'ensemble.
L'union pour attaquer, la défection pour arriver
au but; et quel est ce but? C'est la royauté, dit-
on, mais laquelle? On proclame bien haut le
principe monarchique, mais en nourrissant au

fond de l'âme l'espoir qu'on fera pencher la balance pour son prétendant, si on a la victoire. L'on veut bien s'appuyer les uns sur les autres pour renverser la république, mais non se grouper autour du même trône.

C'est en présence de ce soi-disant accord, qui renferme des germes si dissolvants, des éléments si incontestables de nouvelle guerre civile, que j'aurai le courage de parler.

—————

Aujourd'hui, un coup d'état habilement conçu, énergiquement exécuté, a changé la forme du gouvernement. Ne devons-nous pas applaudir à cette grande mesure de salut public qui, tout en comprimant les partis anarchiques, donne enfin à notre pays la paix et la tranquillité.

D'ailleurs , je le demande, la position était-elle
tolérable pour Louis-Napoléon ? Ne lui imposait-
elle pas le devoir de sauver à tout prix la France,
qui s'affaissait à vue d'œil? L'Assemblée se dépré-
ciait d'elle-même aux yeux de la nation. Ce n'était
plus le temple sacré où de sages législateurs discu-
tent froidement les lois nécessaires aux besoins du
pays, mais bien une sanglante arène où des en-
nemis acharnés, oubliant leur mandat et ne
voyant que le triomphe de leur opinion, se com-
battaient déloyalement avec les boules du scrutin.
La haine ou l'amour-propre dictait les votes qui
allaient décider des destinées de la France, et dans
la même séance on voyait tout un côté de la Chambre s'allier pour un moment à ceux qu'il venait
d'insulter et contre lesquels il allait lutter l'instant d'après. — Au milieu d'un tel dévergondage
qui rappelle les saturnales de la décadence de la
Rome antique, l'Assemblée pouvait-elle rien pro-
duire de bon?—Non, car elle repoussait systéma-
tiquement les meilleures propositions du gouver-

nement, ne voulant pas lui donner gain de cause, quand bien même elle approuvait dans le fond de sa conscience les mesures proposées. Son intention était manifeste : énerver le gouvernement.

On ne saurait donc le nier, la discorde existait entre l'Assemblée et le Pouvoir exécutif. — Il y avait une de ces luttes qui engendrent des méfiances réciproques et provoquent des représailles de part et d'autre. — La partie républicaine de l'Assemblée cherchait à ne donner aucune force au côté droit; la partie monarchique refusait au Président de la République un appui dont elle redoutait les conséquences. Le Pouvoir exécutif, tout en se proclamant le défenseur de l'ordre, ne voulait en aucun cas servir de marche-pied à ceux qui ne cherchaient que son renversement. — Chacun, en un mot, désirait maintenir une espèce de *statu quo* qui n'aboutît à rien, et qui, laissant toujours indécise la question d'avenir, lui permît d'espérer la réalisation de ses chimériques illusions.

Mais la France, spectatrice éplorée de ces luttes d'individualisme, se récriait, comme le Misanthrope de Molière : On désespère alors qu'on espère toujours !..... Et puis espérer quoi? le retour de la branche aînée, celui de la branche cadette, le maintien de la République modérée, ou l'apothéose de la République socialiste !

Au milieu de ce tohu-bohu d'opinions divergentes, qui toutes voulaient s'imposer, si l'Assemblée avait eu le sentiment de sa dignité, le respect de la souveraineté nationale, elle eût fait au pays un loyal appel, elle lui eût demandé de prononcer. Ce rôle, qui lui était si bien indiqué par la force des choses, elle ne l'a pas compris, elle ne l'a pas voulu. — De sa part, c'était abdiquer ; c'était se déconsidérer complétement aux yeux de la France, envers qui elle manquait de confiance.

Aussi la France a-t-elle vu sans émotion la dissolution de cette Assemblée décrépite. Elle vient en ce moment au devant de Louis-Napoléon, qui n'a pas craint, lui, de décréter l'appel au peuple; et lorsque son nom, comme je n'en doute pas, va sortir victorieux de l'urne électorale, tous les bons Français s'inclineront avec respect devant celui qui par deux fois aura été l'élu de la nation. Cette seconde élection, il la devra non seulement à la reconnaissance du pays, mais encore à son instinct intelligent, qui comprend que le prince Louis est la seule solution possible dans les circonstances où nous nous trouvons.

Nous ne cherchons cependant pas à dissimuler que certains esprits forts, acculés dans leurs derniers retranchements, mais ne voulant pas se te-

nir pour battus, évoquent en ce moment le spec-
tre de feu la Constitution.

Mais parmi eux, qui peut oser de bonne foi
s'appuyer sur cette Constitution qu'ils n'ont jamais considérée comme viable? Sont-ce les hommes qui veulent renverser la République? Sont-
ce les républicains qui veulent mettre hors la loi
les partisans de la monarchie? Tous n'ont-ils pas
alternativement attaqué la Constitution quand elle
les gênait dans leurs projets! tous ne l'ont-ils
pas invoquée dès qu'elle cadrait avec leurs idées!

Qu'est-ce donc qu'une pareille Constitution?
— Une bête à toute selle! une stupide prostituée,
qui a appartenu à tous, et que tous ont répudiée
et reprise, suivant leurs besoins du moment.

Assez et trop long-temps la tribune nationale
n'a été qu'une chaire d'avocasserie de mauvaise

foi ; assez et trop long-temps nous avons entendu bruire à nos oreilles ces mots ronflants, mais bien creux ; ces phrases sonores, mais bien vides ; ces lieux-communs, enfin, à l'usage des comédiens politiques, que nos dramaturges à 25 francs par jour hurlaient à leurs commettants au moyen de ce grand porte-voix qu'on nomme la presse.

Et lorsque vous allez au fond de toutes ces déclamations, qui n'ont d'autre but que de défrayer la verve de cent journaux, vous voyez qu'il n'y a souvent que mensonge, mauvaise foi, et surtout désir bien vif d'enrayer la marche du gouvernement, en cherchant à le déconsidérer dans l'esprit des populations.

Telle était surtout la mission que semblait s'être donnée la presse depuis quelque temps. Pour un journal qui peut éclairer les masses, vingt feuilles quotidiennes qui pervertissaient leur intelligence, les saturaient de fausses doctrines et les mettaient en hostilité permanente avec tout ce qui a droit au respect, à l'affection du peuple. — Calomniez, calomniez, dit Beaumarchais par la bouche de dom Basile, il en reste toujours quelque chose. — Cette maxime est devenue le texte de toutes les déclamations de la presse.

Médisance et calomnie, tel était l'épilogue de bien des articles ; — médisance et calomnie, tels étaient aussi et l'exorde et la péroraison de ces discours qui se produisaient à la tribune sous le pseudonyme d'interpellations. — Que de représentants ont ainsi attaqué, par hostilité, des mesures qu'ils eussent eux-mêmes provoquées s'ils avaient été ministres.

Pitié que tout cela!..... Pour ma part, je suis effrayé en pensant combien il y aurait eu de gens qui se seraient crus obligés de demander la parole

pour un fait personnel si on eût présenté à la
Chambre une loi sur les charlatans.

———

En présence d'une Assemblée qui paraissait dé-
cidée à ne pas réviser la Constitution, en face de
l'incertitude où nous étions sur ce qui devait arriver en 1852, le Président devait-il, dans une
oisive nonchalance, nous laisser entraîner à la
dérive et attendre du hasard les événements qui
pourraient surgir alors?

Une telle pensée ne saurait venir à l'esprit des
hommes politiques ! — Si donc on ne veut pas
que la République socialiste s'infiltre à travers
les fissures des différentes opinions modérées, il
faut dès aujourd'hui que le grand parti de l'ordre,

qui est en majorité en France, se groupe autour de l'homme qui seul peut nous garantir de l'anarchie. Au lieu de courir après l'incertain, il faut imposer silence à des rancunes plus ou moins justifiées, et voir si Louis-Napoléon a rendu un service réel à son pays.

Trève donc à nos petits griefs ; ajournons nos espérances, et disons-nous bien que, si notre prétendant doit revenir un jour, il vaut mieux pour lui qu'il trouve la France grande, prospère et désillusionnée de toutes ces fausses doctrines dont on l'a tant abreuvée depuis quatre ans.

C'est une rude tâche que d'être au pouvoir pendant ce temps de transition, de rénovation ! Il y a vraiment du courage, du patriotisme, à se charger aujourd'hui des destinées de la France.

Au milieu de l'effervescence des esprits, en présence de ces ambitions qui sont toujours en ébullition, de ces nullités qui veulent tout accaparer, comme aussi en face de ces jeunes intelligences qui réclament leur place au foyer de la vie politique, de ces jeunes hommes qui, voyant et le point de départ et les hautes destinées auxquelles sont parvenus leurs devanciers, s'écrient : Pourquoi n'arriverions-nous pas, nous aussi? en présence, dis-je, d'une si grande surexcitation des idées, il faut, pour ne pas sombrer, une main plus qu'habile au timon des affaires.

Louis-Napoléon vient de nous prouver qu'il était homme de résolution, d'énergie. Son coup d'état, prévu par tous comme une chose inévitable, a été conçu par lui seul. Si ce coup d'état était commandé par les circonstances, le prince a seul décidé du moment, et personne n'était dans sa confidence.

Dans cet acte solennel, le Président s'est révélé tout entier et nous a montré ce qu'il savait être dans les circonstances difficiles. D'ailleurs, pour mieux faire ressortir son caractère, examinons la conduite du prince depuis son avénement au pouvoir.

Nommé par six millions de voix, il s'est demandé à quoi il devait un suffrage aussi spontané, aussi considérable. Avec la connaissance approfondie qu'il a du cœur humain, il a trié les votes qui lui étaient personnellement sympathiques, ainsi que les votes qui n'avaient acclamé son nom que comme une protestation énergique contre les idées de désordre, contre la République elle-même.

Disons-le bien vite, parce que cela est vrai, l'immense majorité de ces six millions de voix espéraient que l'aigle de Friedland et d'Iéna allait à nouveau ouvrir ses glorieuses ailes sur la France et apporter sur la tête du prince Louis cette couronne impériale dont chaque fleuron fut enchâssée d'une victoire immortelle.

Oui, je le dirai à ceux qui accusent Louis Boparte de n'avoir pour mobile que son ambition, je leur dirai : Soyez francs : si, le lendemain de son élection, l'héritier du grand homme s'était déclaré empereur, la France n'aurait-elle pas applaudi avec enthousiasme à un avénement auquel elle s'attendait, qu'elle venait de provoquer, de proclamer avec une éloquence de six millions de voix.

En présence d'une manifestation aussi unanime de la volonté nationale, qui eût osé appor-

ter son veto? Personne, car la commotion élec-
trique s'était fait sentir d'un bout de la France à
l'autre, et les bulletins portant le nom de Napo-
léon avaient été écrits aussi bien sous l'humble
chaumière des habitants de nos campagnes que
sous les lambris dorés de l'opulence. Tous voulaient en finir avec la révolution ; tous voulaient
revenir aux saines doctrines d'un gouvernement
sérieux, et tous voyaient dans le prince Louis la
seule planche de salut qui pût les mener aux
fortunés rivages.

Le prince Louis avait donc beau jeu au 10 décembre, s'il avait eu la moindre velléité d'ambition. — Lorsqu'il fut requis par le président de l'Assemblée nationale de prêter serment à la Constitution, il lui suffisait de se présenter à la tribune ;
et là, déchirant la charte républicaine et s'ap-
puyant sur la volonté nationale, de se proclamer
empereur. — A ceux qui lui eussent demandé de

quel droit il arborait la bannière impériale il aurait répondu par six millions de bulletins, et sa voix du haut de la tribune eût été foudre qui tombe et renverse tout sur son passage.

Oh ! je vous en réponds, devant un pareil acte de vigueur, bien des représentants eussent battu des mains, et beaucoup de ceux qui naguère encore s'apprêtaient à une guerre sourde et acharnée auraient plié le genou devant la nouvelle étoile qui paraissait à l'horizon de la France.

Et cependant, qu'a fait Louis Bonaparte ? Calme au milieu de l'ivresse générale, digne et ferme dans son élévation, inaccessible à toute idée d'ambition, alors qu'il pouvait revêtir la pourpre impériale, il a voulu rester le Président de la République.—Un mot de lui, et il montait les degrés de ce trône que venaient de lui ériger les suffrages de ses concitoyens; — un mot de lui, et la France, encore toute palpitante des souvenirs héroïques du Soldat-Empereur, eût salué avec reconnaissance le neveu de celui qui, dans l'histoire des temps, n'eut pour rivaux que les Alexandre, les César et les Charlemagne.

Eh bien ! non : Louis-Napoléon n'a écouté que le cri de sa conscience. Il venait de prêter un serment, et il n'a pas voulu que son premier acte politique fût un parjure, donnant ainsi à l'Europe étonnée et saisie d'admiration l'exemple unique d'un homme qui, maître du pouvoir, n'a voulu être que le premier citoyen de son pays.

Et pourquoi l'avait-il prêté ce serment à une Constitution que reniait la France par le choix qu'elle venait de faire ? Parce que Louis-Napoléon n'est point un *ambitieux ;* parce que, dans son honnêteté, il n'a pas voulu étouffer de prime abord cette République qui venait de lui ouvrir les portes de la patrie ; parce qu'il a voulu, lui aussi, essayer si ce régime républicain convenait à notre instinct national ; parce que, fort de sa probité, il a voulu que la France apprît à le connaître, afin que, si jamais elle s'adressait de nouveau à son patriotisme, elle vînt à lui, non pas seulement dans un élan d'enthousiasme, mais avec ce sang-froid qui dicte les grandes résolutions et leur imprime la sanction de la reconnaissance.

Au 10 décembre, Louis-Napoléon eut donc l'héroïsme de l'abnégation personnelle. — L'Empereur nous avait montré les victoires des champs de bataille ; le prince Louis nous fit connaître la victoire du désintéressement. — L'un fut grand par la fabuleuse splendeur dont il s'environna ; l'autre par la simplicité, la modestie dont il fit son auréole.

Comment a-t-on reconnu une si généreuse conduite?... Les partis ont audacieusement relevé leur tête superbe; ils ont taxé de couardise l'exquise honnêteté du prince Louis. Ils ont vu de la faiblesse, de la timidité et de l'indécision là où il n'y avait que l'énergie de la probité, que la force de la conscience et que la résolution de rester fidèle au serment prêté.

Dans sa pensée immuable de grouper autour de lui toutes les opinions honnêtes et de leur emprunter ce que chacune d'elles a pu concevoir pour la prospérité de la France, Louis-Napoléon appelle aux conseils de l'État des ministres de toutes les nuances.

Ce premier ministère ne fut pas une bigarrure de couleurs impossibles, mais bien l'agrégation d'opinions divisées jusque alors et que le prince réunissait en un même faisceau d'affection à la France. Il montrait par là qu'étranger à toutes les tactiques des vieux partis, il oubliait jusqu'à leurs noms ; que, pour lui, l'avenir de son pays datait du 10 décembre, et qu'il espérait que, comme lui, tous travailleraient à ce seul but, rendre la France grande et heureuse.

Dès lors, que lui faisaient les opinions antérieures des hommes qui composaient son cabinet ? — Du moment qu'ils étaient gens d'honneur, cela lui suffisait. Il les appelait à lui avec confiance, et par ce choix de ministres représentant toutes les opinions, il prouvait qu'il n'avait pas d'arrière-pensée, qu'il ne voulait point avoir de politique occulte ou personnelle, et que son grand point de mire c'était la fusion de toutes les nuances du parti de l'ordre, c'était le rétablissement du calme et du bien-être pour tous. — Voilà le point de départ de la conduite du Président.

Hélas ! notre malheureux esprit français, si brillant, si fécond en toutes choses, a un affreux défaut, il faut bien l'avouer : c'est la légèreté et l'inconstance. Notre caractère, si prompt à s'enthousiasmer, est peut-être plus prompt encore à se refroidir. La fixité des esprits semble un élément hétérogène à sa nature. Aussi la pensée de la veille n'est-elle jamais celle du lendemain ; et si de sang-froid on se demande le pourquoi de ce changement de front, on est tout étonné de ne pouvoir en analyser la cause. — Une pensée fausse, injuste même, si elle est prônée par des gens habiles et qui l'éditent sous le couvert des sentiments patriotiques, trouvera toujours crédit auprès des masses. — Les meneurs des partis le savent bien, et quoique leur langage ne soit que des redites mille fois épuisées et mille fois rabâchées, n'importe : il produit un effet toujours sûr, une impression toujours nouvelle sur l'intelligence du vulgaire. Aussi notre histoire peut-elle se traduire ainsi : adopter avec transport des idées plus ou moins raisonnables, mais que l'on rend séduisantes par la manière de les présenter ; tout renverser pour arriver à la réalisation de ces mêmes idées, et lorsqu'elles ont prévalu, lorsque après avoir démoli, l'on n'a produit que le chaos, alors se repentir, se lamenter, avoir peur, puis réfléchir tardivement et songer à réagir avec violence.

Cette peinture du caractère français est exacte ; elle peut servir de frontispice à l'histoire de nos soixante dernières années. Elle peut surtout s'appliquer à la période de temps qui s'est écoulée depuis 1848 ; elle devient de jour en jour plus saillante. Ainsi, je parlais tout à l'heure de l'es-

prit de conciliation qui avait présidé à la forma-
tion du premier ministère de Louis-Napoléon,
conciliation heureuse, qui amena la confiance
dans le pays, la recrudescence des affaires indus-
trièlles, augmenta la valeur des propriétés im-
mobilières, et permit d'entreprendre ces grands
travaux d'utilité publique qui assurent pour un
long temps le travail des ouvriers de tous états. Il
me reste à prouver combien le désaccord entre
l'Assemblée et le Pouvoir exécutif fut désastreux
pour les intérêts de tous.

Pour l'œil même le moins clairvoyant, il fut
évident, palpable, qu'une fois le calme rétabli et
la crainte du danger évanouie, les anciens partis
cherchèrent à relever leur drapeau. — A l'abri de

la bannière de l'ordre qui venait de flotter sur un même camp, l'on dressa des tentes aux couleurs diverses qui abritaient des espérances ressuscitées, qui servaient de point de ralliement aux hommes de chaque opinion.

Dès lors, on peut le dire, il y eut un commencement de scission entre la majorité et le président. Et comment l'accord pouvait-il rester parfait, puisqu'on ne travaillait plus pour le même but?

En se voyant ainsi abandonné par ses anciens coreligionnaires, Louis-Napoléon ne recula pas devant la tâche qui lui était imposée; mais il comprit aussi qu'il devait donner à sa politique une couleur plus personnelle, puisqu'à l'avenir en lui allait se résumer, se continuer la politique qu'il avait suivie jusque alors avec la majorité. — C'est ce qui amena le changement de ministère.

Si cet opuscule est agréé, j'entrerai plus largement dans l'appréciation des différentes phases de la politique présidentielle à partir de cette époque. Pour aujourd'hui, je veux être court, et ne vais donner, en terminant, qu'un aperçu bien sommaire de ce qui s'est passé.

A mesure que le temps a marché, la lutte est devenue plus vive; l'hostilité a même fini par être complète de la part de l'Assemblée. — Que pouvait-il advenir de tout cela?—De grands malheurs pour le pays, car cette hostilité n'était que le triste prélude des souffrances à venir; malheurs que l'Assemblée aurait pu conjurer en se déclarant ouvertement pour la réélection du président et en la conseillant elle-même au pays. — Elle ne l'a pas fait!...

L'âme patriotique du prince pouvait-elle envisager de sang-froid les maux qui menacent d'engloutir la France?... N'avait-il pas un devoir à remplir, la sauver à tout prix? — Il le peut, il le doit, et il l'a compris! — C'est ce qui explique le coup d'état, sa rapidité, et l'admirable ensemble de détails qui a présidé à son exécution.

Il y a dans l'existence d'une nation, comme dans la vie d'un homme, de ces moments suprêmes d'atonie qui appellent les grandes résolutions. — Il y a des instants décisifs où l'hésitation, c'est la mort; où l'énergie, c'est la résurrection. — Prince, la France a les yeux sur vous; elle attend que vous acheviez l'œuvre commencée : en ce moment, elle vous encourage de ses vœux, comme un jour elle vous bénira par ses actions de grâce! — Vous savez ce que vous avez à faire.

Et vous, Français de toutes les opinions, vous surtout, légitimistes, ne sacrifiez pas votre pays à vos affections particulières. Ne voyez pas la

France à travers le mirage trompeur de vos sympathies, mais considérez son besoin de repos, et, par un sublime effort de patriotisme, oubliez le passé, et ne songez qu'à l'élection qui va avoir lieu.

Dans ce grand cataclysme où nous nous trouvons, si vous n'avez pas là le nom de Louis Bonaparte, quelle candidature sérieuse espérez-vous voir surgir? Je vous le demande, en avez-vous une? en prévoyez-vous même une?

Celle qui ralliera les légitimistes éloignerait les orléanistes et les républicains. — Celle que désireraient les orléanistes n'aurait pas l'adhésion des républicains et des légitimistes. — Celle enfin que présenteraient les républicains serait repoussée par les orléanistes et les légitimistes.

Voulez-vous donc la guerre civile et ses horreurs, espérant que la France, épuisée, reviendra tôt ou tard acclamer le représentant de votre opinion.

Ce sentiment n'est pas le vôtre, je le sais : aussi ne m'apesantirai-je pas sur une pensée aussi peu française, sur une pensée dont les conséquences ne peuvent s'écrire qu'avec du sang et des larmes ; sur une pensée, enfin, qui peut ramener un jour sur le sol de notre belle France ces armées étrangères qui, cette fois, ne la laisseraient pas intacte, et la décimeraient pour en emporter chacune un lambeau.

Voyez les crimes qui souillent certaines contrées de notre territoire ! — Les démagogues ne reculent ni devant l'assassinat, ni devant le pillage, ni devant l'incendie : la proscription et la terreur, voilà leur maxime ; le meurtre et le carnage, voilà leur mot d'ordre.

En face d'une semblable jacquerie, âmes timo-
rées, réveillez-vous enfin ! Et vous, hommes d'é-
nergie, ne balancez plus dans votre résolution. —
Par le vote du 20 décembre, venez tous protester
contre l'anarchie en donnant au prince Louis
l'adhésion la plus complète. — Aujourd'hui, il
n'est pas le représentant d'un principe politique,
mais bien le drapeau de l'ordre. — Par votre
abstention vous vous rendriez complices des
cannibales qui ensanglantent nos départements ;
vous leur feriez croire que la victoire leur est possible, et vous encourageriez leurs excès.

Que des soupçons injurieux et mal fondés n'é-
garent pas vos esprits ! Ne craignez pas de donner
un salutaire appui à celui qui *seul* peut aujour-
d'hui abattre l'hydre révolutionnaire. Considérez
que, pour arriver à ce but, il n'a reculé devant
aucune de ces mesures que n'eût jamais osé tenter
une monarchie quelconque. — C'est que le prince

Louis, s'électrisant à la vue des périls qui menacent la France et s'inspirant à la pensée de la préserver des horreurs de la guerre civile, a compris qu'il n'y avait plus à balancer.

Une épée de Damoclès était suspendüe sur sa tête : c'était l'Assemblée, il l'a brisée. — Libre alors de ses mouvements, il a voulu lutter corps à corps avec l'anarchie ; il lui a porté un défi ; elle a répondu par le combat, et Louis-Napoléon, pour cri de victoire, s'est contenté de redire ces mots du grand capitaine romain : *Veni, vidi, vici.*

Aujourd'hui, le doute ne saurait être permis : les atrocités commises dans le midi ont justifié, ont légitimé le coup d'état.

Que tous les regards se tournent donc vers Louis-Napoléon à ce moment suprême du 20 décembre ! — Soldats ! n'oubliez pas qu'il a relevé l'honneur du drapeau français deux fois souillé par la boue parisienne ! Songez qu'il a réhabilité votre uniforme si ignominieusement chassé de la capitale par une populace en délire !

Hommes de cœur, voyez en Louis-Napoléon le nouvel Hercule qui va nettoyer les écuries d'Augias.

Et vous, citoyens timides ou peureux, soutenez en la personne du Président l'homme qui a rendu la tranquillité à vos familles éplorées, la sûreté à vos foyers menacés.

Quant à moi, qui aime les grands principes d'une monarchie tutélaire, mais qui les aime surtout parce que je les crois propres à assurer le bonheur de mon pays, je ne crains pas de proclamer bien haut qu'aujourd'hui il ne faut pas songer à une restauration d'aucun genre. J'impose silence à tous les rêves de mon imagination, et je me demande ce que la France deviendrait si Louis-Napoléon venait à nous manquer.

Hors de lui, je ne vois que la guerre civile, et, en raisonnant froidement, je suis amené à conclure que toutes les destinées de la France gravitent en ce moment autour de lui. — Le pays n'est pas encore assez complétement revenu aux idées monarchiques pour songer à placer un roi sur le trône; et d'ailleurs, je crois que les lis de Tolbiac ont poussé des tiges assez fortes pour permettre à l'aigle d'Austerlitz de se poser sur leurs rameaux.

J'ai dit!....

Le comte AUGUSTE DE FERAUDY.

1360. — PARIS, IMPRIMERIE DE GUIRAUDET ET JOUAUST,
RUE SAINT-HONORÉ, 338.